GEORGE TURNER

„Was wollen die hier?"

Flüchtlinge und Einheimische 1945–49
Das Beispiel Ebstorf in der Lüneburger Heide

Berliner Wissenschafts-Verlag

Bibliografische Information der Deutschen Nationalbibliothek:
Die Deutsche Nationalbibliothek verzeichnet diese Publikation in der Deutschen Nationalbibliografie; detaillierte bibliografische Daten sind im Internet über http://dnb.d-nb.de abrufbar.

Markgrafenstraße 12–14, 10969 Berlin,
E-Mail: bwv@bwv-verlag.de, Internet: http://www.bwv-verlag.de

Druck: docupoint, Magdeburg
Gedruckt auf holzfreiem, chlor- und säurefreiem, alterungsbeständigem Papier.
Printed in Germany.

Umschlagfotos
Vorderseite: Privatbesitz
Rückseite: © Mike Wolff/Verlag Der Tagesspiegel, Berlin

ISBN Print 978-3-8305-3969-8
ISBN E-Book 978-3-8305-4131-8

„Was wollen die hier?“

Inhalt

Vorbemerkung

Die Gruppe Ebstorf der Landsmannschaft Ostpreußen hat mich gebeten, anlässlich ihres 70-jährigen Bestehens bei der Festveranstaltung einige Überlegungen vorzutragen. Der Grund sei meine Herkunft aus Ostpreußen (geboren 1935 in Insterburg) und die Tatsache, dass ich von 1945 bis 1955 in Ebstorf gelebt habe, somit zu denjenigen gehöre, die von Beginn an die Situation von Flüchtlingen miterlebt hätten. Ich bin der Aufforderung gern nachgekommen. Meine ursprüngliche Absicht war, das Verhältnis von Einheimischen und Flüchtlingen insbesondere unter dem Aspekt zu betrachten, wie aus dem ursprünglichen Nebeneinander, manchmal auch Gegeneinander, ein Miteinander geworden ist. Zur schwierigen Situation der Flüchtlinge gibt es eine profunde, sehr kritische Darstellung aus dem Jahr 2008 von Andreas Kossert, „Die kalte Heimat". Die negativen Beispiele sind bedrückend. Meine Erinnerung war, dass das Verhältnis in Ebstorf - von Ausnahmen abgesehen: auf beiden Seiten gab es nicht nur edle Menschen - besser gewesen ist. Dem wollte ich nachgehen. Das Vorhaben umzusetzen, war schwieriger als gedacht, weil es so gut wie kein brauchbares Material bzw. keine Quellen gibt. Da in Ebstorf ein Chronist erst zu einem späteren Zeitpunkt etabliert wurde, fehlt eine chronologische Darstellung von Ereignissen. Auch sonst ist keine Schrift oder ein Zeugnis über die Zeit nach 1945 ersichtlich. „Ebstorf - Aus der Chronik" von Wilhelm Spangenberg und Sophia Wichelmann aus dem Jahr 1982 liefert nur wenige Erkenntnisse; die Zusammenstellung der letztgenannten Autorin von Berichten über einzelne Ereignisse „Aus der Geschichte des Klosterfleckens", erschienen 1994, spart das Thema, von einem Hinweis abgesehen, völlig aus. Gewiss haben Beteiligte aus Ebstorf in privaten Korrespondenzen über ihre Eindrücke und ihr Erleben berichtet. Solche Zeugnisse aber sind nicht verfügbar, vermutlich auch längst „entsorgt", weil inzwischen die Enkelgeneration vorhandene Schriftstücke aus der Feder von Opa oder Oma nicht mehr länger aufbewahren wollte. Vielleicht ist diese Broschüre eine Anregung für Leser, in privaten Unterlagen nach Belegen zu suchen, die ein besseres Zeugnis abgeben, als das bisher Aufgefundene.

Zeitzeugen, die jene Zeit bewusst erlebt haben und Ereignisse einzuordnen wussten, sind ebenfalls rar. Sie müssten um die 90 Jahre alt sein, wenn sie zur damaligen Zeit des Umbruchs nach 1945 die Gegebenheiten hätten erfassen und entsprechend bewerten sollen, also keine Kinder mehr waren.

Ich habe mich deshalb in der Darstellung der Zeit von 1945–49 insofern beschränkt, als die allgemeine Situation ins Gedächtnis gerufen und, soweit das möglich war, die lokalen Ereignisse dabei erwähnt werden. Damit sollte das Bild des täglichen Lebens am konkreten Beispiel deutlicher und plastischer werden. Herrn Manfred Schmidt, dem Leiter des Archivs der Samtgemeinde, danke ich für die konstruktive und wertvolle Unterstützung. Durch ihn konnten örtliche Besonderheiten ausfindig gemacht werden.

Diese Jahre werden in der Geschichtsschreibung weitgehend ausgespart. In einer im Frühjahr 2019 erschienen Gesamtschau „Wolfszeit – Deutschland und die Deutschen 1945–1955" spricht der Autor von einem „blinden Fleck"[1] zwischen den großen Kapiteln der Geschichte, dem NS-Regime bis 1945 und der Bundesrepublik ab 1949. Das machte es besonders interessant, den Ereignissen dieser Zeit nachzugehen. Das Material war spärlich. Die vorgelegte Darstellung ist deshalb lückenhaft und musste oberflächlich bleiben.

---

1 Harald Jähner, S. 14.

Jede Besatzungszone hatte ihre Eigenarten. Außerdem machten sich auch in den neu gebildeten Ländern Unterschiede bemerkbar, abgesehen von lokalen Abweichungen. Aber eines war der Zeit doch gemeinsam: die Notlage der meisten Flüchtlinge und die Herausforderungen, denen sich die Einheimischen gegenüber sahen. Insofern ist die folgende Darstellung beispielhaft und typisch zugleich.

Der Text ist nicht frei von persönlichen Eindrücken und enthält autobiographische Elemente. Subjektive Urteile, gelegentliche Ungenauigkeiten und Gedächtnislücken bitte ich mir nachzusehen und der Tatsache zuzuschreiben, dass ich 1945 gerade erst mein 10. Lebensjahr vollendet hatte. Manches ist allerdings später durch Erzählungen und Berichte älterer Zeitzeugen ergänzt worden, die Wiedergabe insofern aus zweiter Hand.

Flüchtlingsausweis
Quelle: Privatbesitz

Erste Flüchtlinge

Insgesamt verloren durch Flucht und Vertreibung[2] 12–14 Millionen Menschen aus den Provinzen Ost- und

---

2 Das Bundesvertriebenengesetz (BVFG) aus dem Jahr 1953 reservierte den Begriff Flüchtlinge, für die aus der Sowjetischen Besatzungszone (SBZ) Geflohenen. In den ersten Nachkriegsjahren war „Flüchtlinge" die gängige Bezeichnung für alle, die ihre angestammte Heimat verlassen mussten. Daneben wird im Folgenden auch der Begriff „Vertriebene" verwendet. „Heimatvertriebene" waren nach dem Gesetz (1953) diejenigen, die bereits am 31.12.1937 in den entsprechenden Fluchtgebieten ansässig waren. Sie erhielten den Flüchtlingsausweis „A". Personen, die nach dem Stichtag erstmalig in den Gebieten wohnten, bekamen den Ausweis „B", Sowjetzonenflüchtlinge den Ausweis „C".

Westpreußen, Schlesien und Pommern ihre Heimat. 10 Millionen von ihnen kamen in den Westzonen an. Da die Fluchtrouten ost-westwärts verliefen, suchten Ost- und Westpreußen Zuflucht vor allem in Mecklenburg, Schleswig-Holstein[3] und Niedersachsen. So konnte es nicht überraschen, dass insbesondere viele Ostpreußen auch in Ebstorf ab Herbst 1944, verstärkt im Jahr 1945, Unterschlupf suchten und fanden.

Die Vertriebenen konnten ihren Aufenthaltsort nicht selbst bestimmen. Das galt bereits für die Zeit, als das Deutsche Reich noch existierte. Die deutschen Behörden waren aber immer weniger in der Lage, die Flüchtlingsströme zu steuern. So war es den Ankömmlingen und den lokalen Instanzen überlassen, wie man mit der Situation umging. Das haben wir persönlich erfahren. Unser Zielort war Rotenburg/Wümme. Als wir bei starkem Regen mit Pferden und Wagen, gelenkt von dem mit uns reisenden Polen Franz, durch Ebstorf fuhren und meine Mutter im Bürgermeisteramt nach einer Unterkunft für eine Nacht fragte, wurde ihr von dem damaligen Bürgermeister Krebs eröffnet, das sich zwei Familien gemeldet hätten, die Flüchtlinge auch für längere Zeit aufnehmen wollten. Wir könnten dort bleiben und müssten nicht weiter fahren. Meine Mutter nahm das

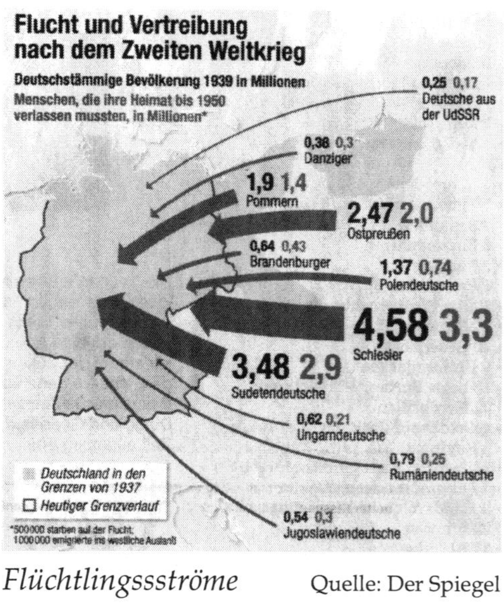

Flüchtlingssströme Quelle: Der Spiegel

3 Dierks, Flüchtlingsland Schleswig-Holstein, enthält Erlebnisberichte aller Schattierungen, von der brutalen, zum Teil körperlichen Zurückweisung bis zum vorbehaltlosen Willkommen.

Angebot an und wir fanden auf der sog. Siedlung, Helmsstr. 15, eine vorläufige Bleibe. Wir gehörten Ende Februar 1945 zu den ersten Flüchtlingen, die in Ebstorf ankamen. Danach zogen wochenlang Wagenkolonnen durch den Ort. Oft beobachteten meine Mutter und ich die Trecks, in der Hoffnung, vielleicht Verwandte oder Bekannte auszumachen. In unserer Unterkunft erhielten wir ein Zimmer zur Mitbenutzung, in dem sich bereits eine alleinstehende Frau mittleren Alters eingerichtet hatte. Wir waren froh, überhaupt irgendwo unterzukommen. Selbst dieser nicht als ideal zu bezeichnende Zustand hielt nicht lange an. Als am 16. April die englischen Truppen Ebstorf einnehmen wollten, kam es mit deutschen Wehrmachtsangehörigen zu einem Feuergefecht. Die Siedlung lag in der Schussbahn der wechselnden Attacken. Bei der Gelegenheit wurde das Anwesen Helmsstr. 15 von Geschossen getroffen und geriet in Brand. Ein paar Kleidungsstücke, die meine Mutter auf Bezugschein zuvor hatte erwerben können[4], befanden sich in unserem Zimmer im 1. Stock, während wir mit der Eigentümerfamilie im Keller das Ende der Kampfhandlungen abwarteten. Ein Nachbar vom Gehöft Helmsstr. 13, kam, im Straßengraben robbend, zu uns, um uns auf das Feuer aufmerksam zu machen. Wir verließen das bereits in Flammen stehende Gebäude. An eine Rettung der Habseligkeiten aus dem 1. Stock war nicht zu denken.

Eine Unterkunft erhielten wir spontan von den Eigentümern des Hofs Helmsstr. 6 in Form eines Zimmers. Die Familien auf der Siedlung haben uns nach Kräften im Rahmen ihrer Möglichkeiten unterstützt. Sie waren aufgeschlossen gegenüber uns Fremden. Möglicherweise lag das auch daran, dass sie selbst vor nicht langer Zeit ebenfalls fremd in Ebstorf

---

4 Wir waren völlig mittellos in Ebstorf angekommen, weil es uns Anfang Februar nur mit Hilfe des mit uns aus Ostpreußen geflüchteten polnischen Zwangsarbeiters gelungen war, aus einem bereits von der Sowjetarmee besetzten Gebiet in der Neumark, jenem Teil Brandenburgs, das jenseits der Oder lag, zu entkommen (Näher dazu Turner, Die Heimat nehmen wir mit, S. 143 ff.).

waren. Sie mussten im Zuge eines Umsiedlungsprojekts bei der Anlage eines Truppenübungsplatzes in Bergen weichen[5] und wurden in Ebstorf auf dem Gebiet der Domäne angesiedelt. Ein Beleg für ein dauerhaft gutes Verhältnis war die freundschaftlich zu nennende Beziehung, die meine Mutter besonders zu der Familie Helmsstr. 6 bis zu ihrem Wegzug aus Ebstorf pflegte. Bestätigt wurde das noch Jahre später bei ihrer Beisetzung in Ebstorf durch die Anwesenheit und Anteilnahme der Familien.

Britische Besatzungszone

Die Siegermächte hatten nach dem „Zusammenbruch" des Reichs, der Kapitulation am 8.5.1945, die Obersten Behörden und die Nationalsozialistische Deutsche Arbeiterpartei (NSDAP) aufgelöst. Ausgehend von seinem Gebietsstand von 1937 wurde das besetzte Deutschland aufgeteilt. Dies geschah auf Beschluss der Alliierten bereits auf der Konferenz von Jalta (2. bis 11. Februar 1945). Die Ostgebiete, die rund ein Drittel des deutschen Staatsgebietes ausmachten, waren von der sowjetischen Roten Armee direkt an die Volksrepublik Polen beziehungsweise an die Russische SFSR (Russische Sozialistische Föderative Sowjetrepublik) zur Verwaltung übergeben worden. Die SFSR verwaltete den nördlichen Teil Ostpreußens. Die restlichen Ostgebiete wurden seit 1945 von Polen verwaltet und gehören seit den Verträgen über die Deutsche Einheit zu Polen[6]. Die spätere Bundesrepublik

---

5 Ausführlich Brandes, Chronik Fallingbostel, S. 163 ff.

6 Der Zwei-plus-Vier-Vertrag (Vertrag über die abschließende Regelung in Bezug auf Deutschland) ist ein Staatsvertrag zwischen der Bundesrepublik Deutschland, der Deutschen Demokratischen Republik einerseits und Frankreich, der Sowjetunion, Großbritannien sowie den Vereinigten Staaten von Amerika andererseits. Er machte den Weg für die Wiedervereinigung Deutschlands frei, wurde am 12. September 1990 in Moskau unterzeichnet und trat am 15. März 1991, dem Tag der Hinterlegung der letzten Ratifikationsurkunde, in Kraft. Als die politisch geforderte und rechtlich notwendige Friedensregelung mit

Besatzungszonen Quelle: Putzger, 2009, Altlas und Chronik der Weltgeschichte, S. 260

Deutschland bestand bis 1949 aus den drei Besatzungszonen (englisch, amerikanisch und französisch). Die sowjetischen Besatzungszone (SBZ) wurde DDR.

Die deutsche Propaganda hatte ein abschreckendes Bild von den Alliierten und ihren befürchteten Absichten verbreitet. Insbesondere befürchtete man eine Re-Agrarisierung nach den Plänen des Amerikaners Morgenthau, die allerdings nicht verwirklicht wurden. Die Linie der britischen Militärregierung war konstruktiv und nicht auf Bestrafung ausgerichtet[7].

Deutschland nach dem Zweiten Weltkrieg markiert der Zwei-plus-Vier-Vertrag das Ende der Nachkriegszeit. Deutschland einschließlich Berlin ist infolgedessen endgültig von besatzungsrechtlichen Beschränkungen befreit. Er hat auch Wirkung im Verhältnis zu Drittstaaten, wie Polen.

7 Brandes, S. 313.

Die Bemühungen sollten der Gewährleistung der Funktionsfähigkeit der deutschen Verwaltung dienen. Das vorhandene Verwaltungspersonal musste überprüft werden. Es galt Deutsche zu finden, die durch den Nationalsozialismus unbelastet waren und als Verwaltungsleiter und Mitarbeiter eingesetzt werden konnten, wobei alle politischen Lager und Konfessionen berücksichtigt werden sollten[8].

Von der Entlassung von Verwaltungsbeamten zu unterscheiden war die Entnazifizierung. Das war die ab Juli 1945 umgesetzte Politik der Vier Mächte, die darauf abzielte, die deutsche Gesellschaft von allen Einflüssen des Nationalsozialismus zu befreien. Dies sollte erreicht werden durch Demokratisierung und Entmilitarisierung. Die Verfahren bezogen sich auf Einzelpersonen. Die Konsequenz war die Entfernung belasteter Personen aus ihren Ämtern und ggf. ihre Bestrafung.

Die von der Militärregierung eingesetzten, tatsächlich oder vermeintlich unbelasteten Personen repräsentierten die deutsche Verwaltung, auf deren Mitarbeit die Besatzungsmacht angewiesen war. Die Information an die Bevölkerung geschah durch Aushänge. Deren Inhalt waren u. a. Ausgangssperren, Beschränkungen in der Stromversorgung, Ablieferungspflicht von Waffen (einschließlich Jagdgewehre) und Munition[9]. Die Aufrechterhaltung von Ruhe und Ordnung oblag den Soldaten der Military Police. Militärgerichte waren vor allem mit Verstößen gegen die Pflicht zur Ablieferung von Waffen und wegen Überschreitung der Ausgangsbeschränkungen befasst[10].

Die Anweisung Nr. 10 der britischen Kontrollkommission vom 25.11.1945 war die Grundlage für die Beteiligung deutscher Dienststellen. Sie ordnete u. a. die Bildung von Flücht-

---

8 Schneider, Niedersachsen 1945, S. 32.
9 Schneider, S. 37.
10 Schneider, S. 39.

lingsausschüssen[11] an, die von der Ebene der Regierungsbezirke abwärts bis zu den Kreisen und Gemeinden auch unter Mitwirkung der Flüchtlinge u. a. für die Versorgung im Rahmen der Verfügungen der Militärregierung und Informationen über die Aufnahmekapazität der Gemeinden zuständig sein sollten. In einem britischen Deutschlandhandbuch wurde das Prinzip der „indirect rule", d. h. einer indirekten Herrschaft mit Hilfe der deutschen Auftrags- und Selbstverwaltung betont[12]. Das kam auch in der am 30.5.1945 veröffentlichten Botschaft des britischen Oberbefehlshabers, Feldmarschall Montgomery, zum Ausdruck[13]: Es sei dafür zu sorgen, dass die Bevölkerung Nahrung, Obdach und das Freisein von Krankheiten habe. Im Interesse der Sicherstellung der Ernte wurde sogar die baldige Entlassung von Kriegsgefangenen angekündigt, die in der Landwirtschaft tätig sein sollten. Die positive Grundhaltung der englischen Militärs hatte möglicherweise auch ihren Grund in der in beiden Bevölkerungen nicht vergessenen gemeinsamen Geschichte der Königshäuser von England und Hannover[14].

Das Merkmal der „Besatzung" allerdings kam zum Ausdruck in dem ausdrücklichen Fraternisierungsverbot. Tatsächlich wurde es relativ locker gehandhabt. Das Verhältnis der englischen Soldaten, insbesondere zu deutschen Kindern, wurde bald freundschaftlich; Geschenke von Kaugummi und Schokolade wurden begeistert entgegengenommen. Mein erstes englisches Wort war „chewing gum". Ein weiterer Schritt

---

11 Dojan, Erscheinungsformen und Folgen der Flüchtlings- und Umsiedlungsbewegungen in Nordostniedersachsen am Beispiel des Uelzener Raums 1944–1961, S. 28.

12 Ein anderes Bild zeichnet der frühere Stadtdirektor von Uelzen, Guenther Goldmann, indem er schildert, dass der Stadtkommandant den Eindruck erwecke, nach Kolonialmethode, fast wie ein britischer Kolonialoffizier in Indien, die Stadt verwalten zu müssen, HW S. 95.

13 Abgedruckt bei Schneider, S. 51.

14 Die Personalunion zwischen Großbritannien und Hannover bestand von 1714 bis 1837. In dieser Zeit war der König von Hannover gleichzeitig König von Großbritannien.

zur Aushöhlung des Verbots war das sog. Fräuleinwunder[15]. Der Begriff stand für junge, moderne, attraktive und begehrenswerte Frauen des Nachkriegsdeutschlands. Die ortsansässige, vor allem jüngere männliche Bevölkerung sah dies nicht ohne Argwohn.

Nachdem die Alliierten das Kommando übernommen hatten, wurden Flüchtlinge überwiegend auf dem Land und in Kleinstädten untergebracht, wo keine Zerstörungen wie in den größeren Städten stattgefunden hatten. Dabei erschien es den Alliierten zweckmäßig, die aufzunehmenden Menschen in Gebiete mit geringer Bevölkerungsdichte und geringer Wohnraumzerstörung zu lenken. Die wirtschaftliche Tragfähigkeit der entsprechenden Regionen blieb dabei außer Acht[16]. Wegen der unterschiedlich starken Belastung war eine Umverteilung geplant, die allerdings nicht schnell zum Tragen kam, weil eine neue Welle von Zuzüglern bevorstand. Polen und Russland wiesen die in den besetzten Gebieten verbliebene deutsche Bevölkerung aus, die Tschechoslowakei und Ungarn die Angehörigen der dortigen deutschen Minderheiten. Die Betroffenen strebten zum größten Teil in die Westzonen. In den agrarisch geprägten Kreisen, wozu auch der Landkreis Uelzen gehörte, war die Landwirtschaft fast der einzige Berufszweig, der Beschäftigungsmöglichkeiten bot. Sehr schnell war aber auch in diesem Sektor eine Überbesetzung eingetreten. Fehlende Arbeitsmöglichkeiten veranlassten viele, die zunächst in ländlichen Gegenden untergekommen waren, später an andere Orte zu wechseln, häufig trotz bestehender Zuzugssperren[17]. Allerdings gingen damit

---

15 Ein Begriff, der in den 1950er Jahren geprägt wurde. Die „Personifizierung" erfolgte durch die Miss Germany 1950, Susanne Erichsen.

16 Dojan, S. 21.

17 Erst die Verordnung Nr. 90 der britischen Militärregierung v.1.7.1947 schaffte die Grundlage für eine freie Wanderung innerhalb der britischen Besatzungszone

auch zukünftige Arbeitskräfte an den ursprünglich meist unfreiwillig gewählten Wohnsitzen verloren. Die beruflich motivierte Binnenwanderung führte zu einer deutlichen Entlastung mancher zunächst übermäßig besetzter kleinerer Orte.

Auch wenn Arbeitskräfte vorhanden waren, fehlte es oft an der Bereitschaft der Kommunen, z. B. Flächen für die Ansiedlung von Betrieben zur Verfügung zu stellen. So sah sich der aus Arnswalde/Pommern stammende Fabrikant von Fischernetzen, Kremmin, genötigt, auf den Neuaufbau eines Betriebes in Ebstorf zu verzichten und in Oldenburg/Oldbg ansässig zu werden. In Ebstorf konnte keine geeignete Produktionsstätte geschaffen werden. Für die Stadt Uelzen wird berichtet[18], dass die Ansiedlung von Industriebetrieben durch die einheimische Bevölkerung erschwert wurde, weil man irrtümlich glaubte, den eigenen Besitzstand zu verlieren. Von den Eingesessenen wurde die Konkurrenz auf dem Arbeitsmarkt generell kritisch gesehen. In Uelzen glaubte man eine Tendenz zu erkennen, den Flüchtlingen nur untergeordnete Positionen zuzubilligen[19].

Kommunales Leben am Nullpunkt

Mit der Einnahme des Gebiets durch die britische Armee trat eine deutliche Zäsur des kommunalen Lebens ein. Generell kann man feststellen: Im Mai 1945 brach jede deutsche Staatlichkeit zusammen. Der Neubeginn sollte nach dem Willen der Siegermächte auf kommunaler Ebene beginnen[20]. Da nach der nationalsozialistischen Machtergreifung 1933 viele der leitenden Beamten auch im Kommunalbereich aus ihren Ämtern vertrieben worden waren, griffen die Besatzmächte

18 Goldmann, HW S. 95.

19 Brosius, Zur Lage der Flüchtlinge im Regierungsbezirk Lüneburg zwischen Kriegsende und Währungsreform, S. 41 f.

20 Groh, „Verwaltung des Mangels“ in: Handbuch der kommunalen Wissenschaft und Praxis, herausgegeben von Thomas Mann und Günter Püttner, S. 134 ff.

auf solche Amtsträger aus der Zeit vor 1933 zurück. Zu den vordringlichen Aufgaben gehörte die Sicherstellung der Ernährung der Bevölkerung, die soziale und gesundheitliche Fürsorge und die Verteilung von Wohnraum[21].

Für die Britische Besatzungszone haben die Vertreter der Militärregierung (anders als die Amerikaner) den Deutschen nicht die Verantwortung für eine Neuformulierung des Kommunalrechts überlassen. Kommunale Räte wurden für Auftragsangelegenheiten des Staates zuständig. Die Kompetenzen der Bürgermeister wurden in repräsentative (Bürgermeister) und administrative (Stadt- bzw. Gemeindedirektor) aufgeteilt. Ab 1947 wurde das Gesetzgebungsrecht über kommunale Angelegenheiten den zu wählenden Landtagen überantwortet. Die Militärregierung hatte nunmehr nur noch beratende und inspizierende, nicht mehr richtungweisende Funktionen.[22]

Die Bevölkerung Niedersachsens[23] stieg um mindestens ein Drittel[24]. Von allen Verwaltungseinheiten des künftigen Lan-

21 In Orten mit Kriegseinwirkungen stand die Trümmerbeseitigung vorrangig auf der Liste der anzupackenden Aufgaben.

22 Im Einzelnen Dojan, S. 32ff.

23 Niedersachsen verdankt seine Existenz der britischen Besatzungsmacht, die Ende 1946 ihre Besatzungszone in drei Flächenländer (Niedersachsen, Nordrhein-Westfalen und Schleswig-Holstein) und einen Stadtstaat (Hamburg) gliederte. Nach den Napoleonischen Kriegen waren 1814 die Länder Hannover, Oldenburg, Brauschweig und Schaumburg-Lippe entstanden. Hannover verlor seine Eigenständigkeit nach dem Preußisch-Österreichischen Krieg 1866 und wurde preußische Provinz. In diese Zeit fällt auch der Gebrauch der Bezeichnung „Niedersachsen" für diese Region Deutschlands.

24 Volkszählungen in späteren Jahren (1950, 1961 und 1970) ergaben deutlich geringere Anteile (27,2 %; 24,3 %; 27,2 %), wahrscheinlich in Folge von Umzügen in andere, nicht so stark von Flüchtlingen betroffene Regionen, wie z. B. Rheinland-Pfalz, das anfangs nur 1 % Vertriebenenanteil hatte – im Vergleich zu dem benachbarten Hessen mit 16,7 %. Die Machthaber der französischen Zone, zu der Rheinland-Pfalz gehörte, haben sich lange vehement gegen die Aufnahme von Flüchtlingen gewährt. Später gab es Erleichterungen, auch unter dem Aspekt der Anwerbung von Arbeitskräften, und es fanden Umzüge statt, vor allem aus Schleswig-Holstein und Niedersachsen. Näher zu den Umsiedlungen aus dem Uelzener Raum s. Dojan, S. 46f.

des Niedersachsen hatte der Regierungsbezirk Lüneburg aufgrund seiner geografischen Lage den größten Zustrom von Flüchtlingen zu bewältigen[25]. Die Bevölkerungszahl im Bezirk Lüneburg erhöhte sich gemessen an dem Bevölkerungsstand von 1939, bis September 1946 um 78 %, im Kreis Uelzen sogar um 90 %, der damit den höchsten Zuwachs aufwies[26]. Für den Landkreis Uelzen wurde für das Jahr 1950 noch ein Anteil von Flüchtlingen an der Gesamtbevölkerung in Höhe von 50 % festgestellt[27]. Vergleichsweise ist es wohl auch in Ebstorf gewesen. Man sprach seinerzeit davon, dass die ursprüngliche Einwohnerzahl von 2.500 durch die Flüchtlinge verdoppelt worden sei[28].

Auf Anordnung der britischen Militärregierung wurden zur Kontrolle der Flüchtlingsströme Sammelorte und Durchgangslager eingerichtet, u. a. in Uelzen-Bohldamm. Für alle aus dem Osten Zureisenden wurde angeordnet, dass sie zu „entwesen" seien. Zum Beweis wurde auf dem rechten Oberarm ein Stempel „entlaust" gedrückt, bis der Protest der Betroffenen dazu führte, dass ein Eintrag in einen Registerschein ausreichte. Die Betroffenen wurden nach der Verteilung in ihren neuen Wohnorten als zusätzliche Belastung empfunden und hatten es in der Regel noch schwerer, wieder Fuß zu fassen als diejenigen, die zuvor angekommen waren. Die Hilfsbereitschaft der Einheimischen war inzwischen weitgehend aufgebraucht.

Der Aufbau einer Flüchtlingsverwaltung begann im Kreis Uelzen im Juli 1945 mit der Einsetzung eines Flüchtlingsäl-

25 Brosius, S. 6.; Dojan, S. 38.
26 Brohm, U/S. Vierek, 125 Jahre Landkreis Uelzen, S. 108.
27 Landkreis Uelzen, Geschichte, Landschaft, Wirtschaft, 1965.
28 Eine exakte Zahl war nicht zu ermitteln. Unterlagen dazu sind im Archiv der Samtgemeinde Bevensen-Ebstorf nicht vorhanden.

testen[29] als Interessenvertreter der Flüchtlinge, zuständig für deren materielle und seelische Betreuung[30]. Der Lüneburger Regierungspräsident ordnete an, dass in jeder Gemeinde Vertrauensmänner bestellt werden sollten. Solange keine Wahlen möglich seien, wären sie durch die Bürgermeister aus dem Kreis der Flüchtlinge auszuwählen. Ab Januar 1946 wurden Kreis- und Stadtflüchtlingsämter eingerichtet. Der Vertrauensmann übernahm 1946 die Leitung des neugeschaffenen Kreisflüchtlingsamtes. In den Gemeinden sollten Flüchtlingsbetreuungsstellen eingerichtet werden; in Gemeinden mit mehr als 1.000 Flüchtlingen wurden Stadt- bzw. Gemeindeflüchtlingsämter geschaffen. Zu Leitern wurden meist die bisherigen Ortsvertrauensmänner eingesetzt. Die Wahl allein durch Flüchtlinge wurde als problematisch angesehen, weil die Gefahr bestand, dass Leute gewählt werden könnten, welche die Kluft zwischen Einheimischen und Flüchtlingen noch vertiefen würden, anstatt sie langsam zu schließen[31].

Die Flüchtlingswelle

Allgemein sah man sich Ende des Krieges und in den ersten Jahren der Nachkriegszeit überrollt vom Strom der vertriebenen Deutschen aus dem Osten. Für viele Vertriebene war der Empfang im Westen ein Schock wegen erfahrener Aus-

---

29 Pastor Schulz aus Wollstein/Warthegau. Er legt im September 1957 sein Amt nieder. Als Begründung nannte er das völlige Versagen der staatlichen Flüchtlingsbetreuung (Brosius, S. 38).

30 Gem. Gemeindeprotokoll vom 11.3.1948 wurden in Ebstorf als Mitglieder des Flüchtlingsversammlung vom 18.2.1948 nachfolgende Personen einstimmig bestätigt:
Flüchtlinge: Wolfgang Laabs, Hauptstr. 24, Bruno Kronnus, Schwienaustr. 3, Frau Toni Gedat, Molkereistr. 1
Einheimische: Bürgermeister Möhrling als Vorsitzender, Johann Sander, Schmiedemeister, Hermann Gade, Stellmachermeister, Otto Cordes, Kaufmann. (Anmerkung: Herr Otto Cordes scheidet aus, da das Verhältnis zwischen Flüchtlingen und Einheimischen 3:3 betragen muss.)

31 Brosius, S. 40, mit Hinweis auf einen konkreten Fall.

grenzung und Ablehnung bis hin zu Diskriminierung[32]. Es gab Anpassungsschwierigkeiten der ersten Jahre, eine abweisende Haltung gegenüber Ortsfremden, insbesondere in Dörfern und Kleinstädten. Mit der Veröffentlichung von Kossert im Jahr 2008, also mehr als 60 Jahre nach den Ereignissen, ist eine umfangreiche Darstellung mit der Hervorhebung der zum Teil problematischen zwischenmenschlichen Beziehungen erschienen. Vergleichbare Befunde wie Kossert liefert Jähner in seiner 2019 erschienen „Wolfszeit“[33].

Wundern durfte man sich über die Spannungen nicht, trafen doch zum Teil sehr unterschiedliche Lebensgewohnheiten und Kulturen aufeinander. Das begann mit andersartigen Dialekten, zum Teil unterschiedlichen Konfessionen, anderen Lebens- und Verhaltensformen und gelegentlich abweichenden Wertvorstellungen. Auch waren die Kenntnisse bei den Eingesessenen über die Heimatregionen der Neuankömmlinge nur spärlich. An Informationsmittel über die regionale Herkunft hatte man u. U. nur den Schulatlas. Meyers Konversationslexikon oder andere Nachschlagewerke waren nicht in allen Haushalten vorhanden. So war die natürliche Reaktion auf die Ankommenden zunächst ein Abwarten und eine vorsichtige Zurückhaltung. Traten Flüchtlinge nun womöglich fordernd auf oder betonten, dass es in ihrer Heimat doch alles viel besser und schöner gewesen sei, konnte das bei den Einheimischen leicht zur Verfestigung von Vorurteilen führen. Als besonders nachteilig erwies es sich, wenn der Eindruck entstehen musste, die Flüchtlinge „schnitten auf“, wenn sie die Gegebenheiten ihres früheren Zuhauses schilderten[34].

---

32 Kossert, Kalte Heimat, S. 12.

33 S. 90 ff.

34 Bei mir führten solche Beobachtungen zu folgender Verhaltensweise: Wenn ich von Lehrern nach der Existenz einer Geburtsurkunde gefragt wurde, habe ich die Existenz verneint. Weil dort als Beruf meines Vaters „Gutsbesitzer“ angeben war und ich fürchtete, man könnte dies bezweifeln, leugnete ich das Vorhandensein der Urkunde.

Nicht ohne Grund kursierte die Glossierung, dass Deutschland wohl bis zum Ural hätte reichen müssen, wenn man den angeblichen Landbesitz aller Flüchtlinge addieren würde. Sofern sie allerdings dankbar für ihre Rettung waren und, ohne unterwürfig zu sein, zu erkennen gaben, dass sie die Aufnahmebereitschaft zu würdigen wussten, kam es regelmäßig zu einem guten Einvernehmen. So können wir persönlich uns über keine der Familien beklagen, bei denen wir bei unserer Ankunft und nach dem Brand (Helmsstr. 6 und Mittelweg 18) wohnten. Ein harmonisches Verhältnis hat fortbestanden. Gewiss lag das auch daran, dass wir uns eher als Besucher denn als Eindringlinge verstanden und verhalten haben[35]. Das war möglicherweise aber auch nur eine Art Schutzschild oder psychologischer Trick: Solange man sich nur temporär an dem neuen Ort aufhielt, blieb die alte Identität erhalten: man war weiterhin das, was man „zu Hause" gewesen ist - mit dem damit einhergehenden Selbstverständnis und Selbstbewusstsein. Das änderte sich spätestens mit der Erkenntnis, dass die Vergangenheit endgültig erledigt war und frühere Positionen nichts mehr galten.

Vor und neben den Belangen des täglichen Lebens galt die Sorge dem Verbleib von Angehörigen. Soweit das Schicksal von Wehrmachtsangehörigen unklar war, lebten Einheimische und Flüchtlinge insoweit mit der gleichen Ungewissheit und Befürchtung. Wahrsager, von denen man sich Zeichen für die Zukunft versprach, verzeichneten beachtlichen Zulauf. Bei Flüchtlingen kam erschwerend hinzu, dass Familien auseinander gerissen waren; Eltern hatten ihre Kinder verloren; der Aufenthalt auch anderer naher Verwandter war un-

35 Das konnte, wie ein eigenes Beispiel zeigt, fast groteske Züge annehmen. Ich hatte mir heimlich das niedersächsische Platt beigebracht, so wie man Vokabeln einer Fremdsprache lernt. Angewendet allerdings habe ich es nie, weil ich Sorge hatte, man könnte das als Anbiederei oder unangemessenes Eindringen in eine mir nicht zustehende Welt verstehen und mich auslachen.

bekannt. So hatten Suchdienste Hochkonjunktur. Sehnsüchtig wurde auf Post gewartet, ob endlich ein Lebenszeichen von vermissten Personen eintraf.

So sehr man Verständnis für die schwierige Lage der Flüchtlinge haben musste, war doch auch die Situation der Einheimischen nicht einfach. Sie mussten in der Regel fremde Menschen in ihren Wohnungen und Häusern aufnehmen, Räume abgeben und Küche sowie sanitäre Anlagen teilen. Dabei war der letztgenannte Begriff anders zu verstehen als die heutigen Verhältnisse glauben machen könnten. Badezimmer und Spül-WC waren keineswegs selbstverständlich, sondern eher Ausnahmen, Waschmaschine und Kühlschrank unvorstellbarer Luxus.

Zu den individuellen Einschränkungen kam eine andere Befürchtung der Ansässigen, nämlich die Sorge um Überfremdung; sie sahen sich womöglich in ihren Eigenheiten bedroht. Gerade in kleineren Orten spielte das Vereinsleben eine wichtige gesellschaftliche Rolle. Man fürchtete, durch neue Mitglieder u. U. eine Veränderung liebgewordener Gewohnheiten oder Umstände. Auch das wurde im Laufe der Zeit entspannter gesehen. Man begriff manch neue Mitglieder auch als Bereicherung. Das begann zunächst bei den Sportvereinen, vor allem, wenn leistungsstarke Mitglieder dazu kamen.

Wenn das Verhalten der einheimischen Bevölkerung gegenüber den Flüchtlingen manchenorts, wie von Kossert geschildert, nicht von Verständnis und Hilfsbereitschaft gekennzeichnet war, muss man auch die Frage stellen, wie es denn in einer vergleichbaren, umgekehrten Situation gewesen wäre, wenn die Ströme nicht von Osten nach Westen, sondern in entgegengesetzter Richtung verlaufen wären. Die Frage bleibt theoretisch, kann aber helfen, die Situation und das Verhalten besser einzuordnen.

Akute Bedürfnisse

Von elementarer Bedeutung war, wie der konkrete Bedarf auf bestimmten Sektoren befriedigt werden konnte. Dazu gehörten die Wohnungsbeschaffung und die Versorgung mit Lebensmitteln. Aber auch der Mangel an Heizmaterial und Hausrat war offenkundig, ebenso der an Kleidung und Schuhen.

Lebensmittel

An das System der Lebensmittelkarten hatte man sich während der Kriegsjahre gewöhnt. Die Mangelbewirtschaftung setzte sich fort. Die Alliierten Besatzungsmächte gaben ab Mai 1945 in ihren jeweiligen Sektoren neue Lebensmittelmarken (auch Nährmittelkarten genannt) aus, die entsprechend der Schwere der Arbeit in Verbrauchergruppen (Kategorien) eingestuft wurden. Dies galt sowohl für Flüchtlinge als auch für Einheimische.

Die Lebensmittelkarten hatten unterschiedliche Farben. Insgesamt wurden die Karten an fünf verschiedene Gruppen verteilt[36]. In der ersten Gruppe waren Schwerstarbeiter, aber auch Politiker zu finden. (Wahrscheinlich war Politik zu dieser Zeit auch Schwerstarbeit.) Die Gruppe II umfasste Schwerarbeiter und Akademiker, Gruppe III Angestellte, aber auch arbeitende Frauen, Schriftsteller, Musiker und andere. Kinder kamen in die vierte Gruppe (Kind war man bis 15 Jahre, dann erfolgte die Einteilung in eine der anderen Gruppen). Der Rest kam in Gruppe V. Das war dann die „sonstige Bevölkerung“

36 Die Presse vermeldete, dass 50 Pfennig von denjenigen zu zahlen seien, die ihre Karten nicht rechtzeitig abholten.

wie Hausfrauen oder Rentner, Leute, von denen man meinte, dass sie keine wichtige Tätigkeit ausübten. Auch ehemalige Nationalsozialisten gehörten in diese Gruppe. Diese Karte wurde dann oft genug auch als „Sterbekarte" bezeichnet, weil es einfach zu wenig zu essen für diese Karte gab. Um eine Ortsbindung der Karteninhaber, die Flüchtlinge waren, zu erreichen, wurde die Gültigkeit auf den zugewiesenen Kreis beschränkt[37].

Die Rationen an Brot, Fleisch, Fett, Zucker, Kartoffeln, Salz, Bohnenkaffee, Kaffee-Ersatz und Tee wurden entsprechend den Möglichkeiten festgelegt. Man erhielt rationierte Lebensmittel nur, wenn man die entsprechenden Lebensmittelkartenabschnitte, die Marken, abgeben konnte. Die Marken waren nach einzelnen Lebensmitteln aufgeteilt; beispielsweise konnte man mit Brotmarken nur Brot erwerben, aber mit Fleischmarken auch Fisch. Vor dem Erwerb war ein oft stundenlanges Anstehen regelmäßig unumgänglich. Im März 1947 wurde in Ebstorf eine Erleichterung eingeführt: Bezugscheine konnten schriftlich beantragt werden (Keiner braucht mehr Schlange zu stehen). Die Bezugscheine wurden durch Boten für 10 Pfennig ins Haus gebracht[38]. Man sprach nicht von Kauf, sondern davon, dass man etwas „bezog"[39]. Zur „Ausstattung" gehörten Blechkannen, um Milch einfüllen zu lassen. Oft wurde mit Lebensmittelmarken auf dem Schwarzmarkt Tauschhandel betrieben; Alkohol und Zigaretten waren begehrte Tauschobjekte. Durch öffentliche Aushänge wurden an den Wochenenden die für die jeweils nächste Woche erhältlichen Waren „aufgerufen". Ende 1946 entsprach die vorgesehene Tagesration für erwachsene Normalverbraucher 1550 Kilokalorien. Das waren lediglich 65 % dessen, was

37 Schneider, S. 101.
38 Lüneburger Landeszeitung - LZ - v. 25.3.1947: Bezugscheine frei Haus.
39 Jähner, S. 215.

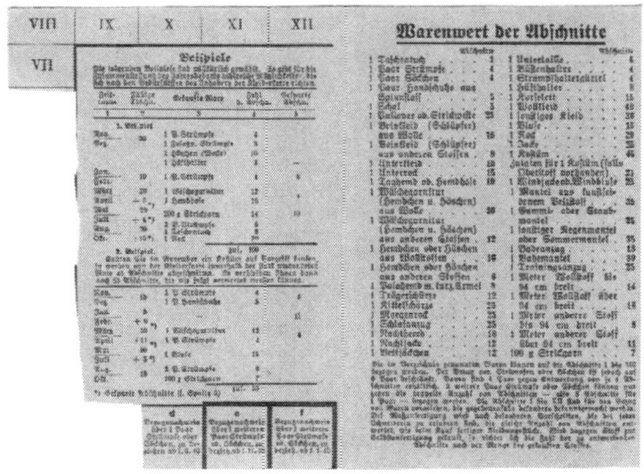

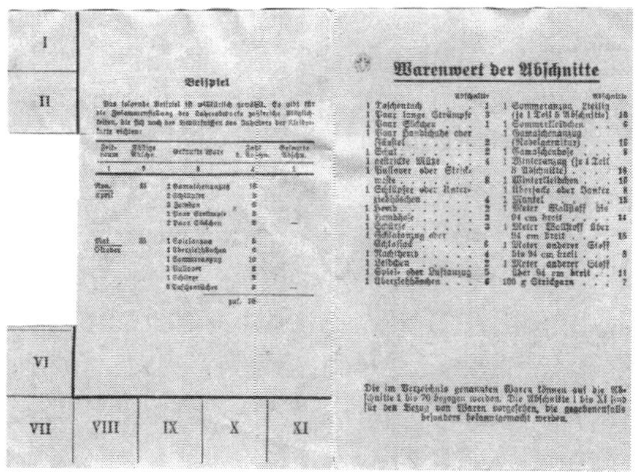

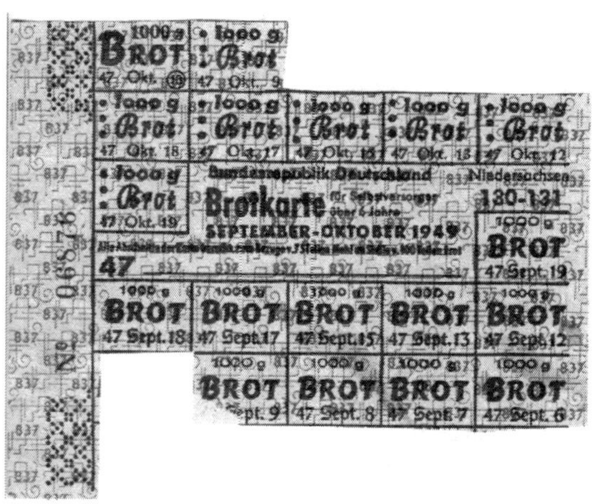

Lebensmittelmarken
Quelle: Privatbesitz

Ärzte für die Ernährung eines Erwachsenen als notwendig erachteten[40]. Übergewicht war kein Thema. Das „Gesicht" des typischen, vom Hunger gekennzeichneten Deutschen war Gerd Fröbe in dem Film „Berliner Ballade" (1948) als Otto Normalverbraucher. Der Hilferuf „Ich muss abnehmen" war nirgends zu vernehmen. Die Lebensmittelkarten boten keineswegs eine Gewähr dafür, dass man die angegebene Menge auch tatsächlich erhielt. Einzelhändler mussten beim Großhändler Karten in dem Umfang abliefern wie sie zuvor Lebensmittel erhalten hatten. Ein Schwund brachte ihnen den Verdacht als „Schieber" ein, der womöglich Waren „schwarz" verkauft hatte. Die Zunahme von Tbc-Fällen wurde nicht nur auf die schlechten Wohnverhältnisse, sondern auch die unzureichende Ernährung zurückgeführt. In den Jahren 1948 und 1949 wurden die Mengen schrittweise erhöht. Gängige, immer wiederkehrende Nahrungsmittel waren gelbes Maisbrot in Kastenform und aus Zuckerrüben hergestellter Sirup zum Frühstück sowie Steckrüben als Mittagsmahlzeit mit der Folge, dass der Genuss dieser Lebensmittel den Betroffenen dauerhaft vergällt war. Kleinkinder und Jugendliche wurden zeitweilig durch Schulspeisung, Schwedenspeisung bzw. Hoover-Speisung vor Unterernährung bewahrt. Ebenso linderten Care-Pakete und der Marshall-Plan[41] die Not.

Es entstanden zahlreiche Rezepte, die entweder ein Ersatz für nicht verfügbare Köstlichkeiten waren oder Pflanzen auf den Speiseplan brachten, die bis dahin nicht zum Bestandteil der traditionellen deutschen Küche zählten, so z. B. Brennnesseln

---

40 Jähner, S. 214.

41 Der Marshallplan, offiziell European Recovery Program (ERP), war ein großes Konjunkturprogramm der Vereinigten Staaten von Amerika, das nach dem Zweiten Weltkrieg dem an den Folgen des Krieges leidenden Westeuropa zugutekam. Es bestand teils aus Krediten, vor allem jedoch aus Rohstoffen, Lebensmitteln und Waren.

und Kunsthonig. Margarine als Brotaufstrich war willkommen; „gute Butter" für viele eine Illusion.

Bestimmte Gegenstände wie Kleidung und Schuhe gab es nur, wenn Bezugscheine vorgelegt werden konnten, die ebenfalls einer strengen Bewirtschaftung unterlagen. Das gängige Schuhwerk von Flüchtlingskindern waren Klappersandalen, die Sohle aus Holz, die Befestigungen im Idealfall aus Leder, meistens aus Stoff.

Ein Vorteil war es, als Selbstversorger[42] anerkannt zu werden. Das ergab die Möglichkeit, ein Schwein zu schlachten. Für Flüchtlinge war dies im Grunde nur möglich im Zusammenwirken mit Einheimischen, wenn Räume und Gerätschaften zur Verfügung gestellt wurden.

Wer glaubt, in ländlichen Gegenden wäre die Beschaffung „des täglichen Brots" einfacher gewesen als in den notleidenden Großstädten, verkennt die Situation. Vor allem aus Hamburg reisten auf den überfüllten Zügen, zum Teil auf Trittbrettern oder auf Dächern, Menschen an, die persönliche Gegenstände aus ihrem Besitz, namentlich Schmuck, Silber und Porzellan, Teppiche, aber auch Kleidung, Bücher und Spielzeug zum Tausch gegen Lebensmittel, vor allem Kartoffeln, mit sich führten. Ohne Gegenwert zu erscheinen und um Nahrungsmittel zu bitten, wohl besser "zu betteln", war bloßes „Hamstern", und meistens nicht erfolgreich. Da war es für die Erzeuger landwirtschaftlicher Produkte reizvoller, an Tauschgeschäften teilzunehmen als – womöglich unent-

42 Selbstversorgung mit Nahrungsmitteln bedeutet, dass Kartoffeln, Gemüse, Obst und Getreide für den eigenen Bedarf angebaut und Nutztiere gehalten und verwertet werden. Selbstversorgung bedeutete auch die Konservierung von Nahrungsmitteln, damit nicht nur zur Ernte- und Schlachtzeit Nahrung vorhanden war, sondern übers ganze Jahr. Zur Selbstversorgung gehörten das eigene Feld oder der eigene Garten, Ställe, Geräte zur Verarbeitung der Lebensmittel und Räume zum Lagern.

geltlich - Flüchtlinge am Ort zu versorgen. Einige „schwarze Schafe" unter den Bauern nutzten die Notlage rigoros aus, was zu der diskriminierenden Aussage führte, sie hätten Teppiche im Kuhstall liegen[43].

Ein besonders positives Beispiel für gegenteiliges Verhalten bedarf der Erwähnung. Jochen Jenckel, Hofbesitzer in Tatendorf, stellte Ackerland zur Anlage von Kleingärten für Flüchtlinge kostenlos zur Verfügung, damit dort Gemüse und andere Feldfrüchte für den Eigenbedarf gezogen werden konnten[44]. Neben den materiellen Vorteilen hatte die Maßnahme eine ideelle Wirkung, indem eine Hilfe beispielhaft sichtbar wurde. Das erfuhr breite Anerkennung und Wertschätzung[45].

Die Gemeinde hatte die Apfelbäume an den Straßen - zusammengefasst in Lose - zur Aberntung verpachtet. Das auch ohne Berechtigungsschein vorgenommene Ernten von Äpfeln an Straßenbäumen gehörte bei Jugendlichen schon fast zum Volkssport, ebenso das blitzschnelle Verlassen der Bäume und das Verschwinden, wenn Aufsichtspersonen erschienen. Manch persönliche Bestzeit über die 100-Meter-Strecke mag damals aufgestellt worden sein. Sammeln von Ähren auf abgeernteten Feldern, d.h. Stoppelfeldern („Ährenlesen" bzw. „Nachstoppeln"), und Bucheckern ergänzten, nach entsprechender Verarbeitung, die kargen Nahrungsmittel. Man hörte

---

43 Ramünke, Chronik, 850 Jahre Nateln (1133 - 1983), S. 283.

44 Dem Beispiel folgten im Jahr 1949 in Altenebstorf die Bauern Fritz und Hermann Meyer sowie die Bäuerin Bunge.

45 Ein Beleg für eine besondere Nähe einer einheimischen Familie zu den einquartierten Flüchtlingen stellt auch folgende Begebenheit dar: Die älteste Tochter, offensichtlich besonders sprachbegabt, beherrschte den ostpreußischen Dialekt perfekt, „entlehnt" von der im Haus lebenden Flüchtlingsfrau. Bei einem Zusammentreffen mit Siegfried Lenz ermunterte ich Dorit, in ostpreußischen Dialekt zu verfallen. Sie tat es und Lenz meinte, eine Original-Ostpreußin vor sich zu haben, was er durch entsprechende Anerkennung zum Ausdruck brachte. Auch die Übernahme des fremden Dialekts, und sei es ursprünglich auch nur zur Imitation und Belustigung, kann man als Integrationsbeitrag seitens Einheimischer verstehen.

auch von Klagen Einheimischer, dass Flüchtlinge nachts Feldfrüchte, vor allem Kartoffeln, gestohlen hätten. Wenn die Verdächtigungen zutrafen, war dies ein Zeichen dafür, dass die materielle Not auch ansonsten gesetzestreue Menschen zu Mundraub treiben konnte.

Wohnen

Ebenso prekär wie die Versorgung mit Lebensmitteln war die Unterbringung der Flüchtlinge. Ohne Übertreibung kann man sagen, dass so gut wie kein Haus im Ort ohne teilweise Belegung mit Flüchtlingen war. Das galt auch für das Kloster, in dem adelige Familien Zuflucht fanden, so z. B. die des Herzogs von Anhalt[46]. Während der letzten Kriegsjahre hatte es bereits einen Zuzug von Großstädtern gegeben, die wegen der Bombenangriffe „aufs Land" evakuiert worden waren, zum Teil in eigens für die „Ausgebombten" errichteten Behelfsheimen. Wegen der fehlenden Unterbringungsmöglichkeiten an den ursprünglichen Wohnorten war eine sofortige Rückkehr nach Ende des Krieges nicht möglich. Die Knappheit an Wohnraum wurde noch dadurch verstärkt, dass manch ein Haus, besonders wenn es äußerlich attraktiv wirkte, „beschlagnahmt" wurde und für Angehörige der Besatzungsmacht frei gemacht werden musste. Das Ergebnis waren Einschränkungen für Einheimische und Flüchtlinge. Die Ankömmlinge lebten auf engem Raum, meist mit mehreren Personen in nur einem für eine Familie zur Verfügung gestellten Zimmer, zum Teil wurden Baracken genutzt, die ursprünglich anderen Zwecken, wie zum Beispiel für den Reicharbeitsdienst, errichtet worden waren. Ebenso dienten sog. Nissenhütten[47] zur Unterbringung. Soweit die Un-

---

46 Herzog Ernst Joachim verstarb 1947 im sowjetischen Speziallager Buchenwald

47 Nissenhütte ist die Bezeichnung für eine von dem kanadischen Ingenieur und Offizier Peter Norman Nissen im Jahr 1916 entwickelte Wellblechhütte in Fer-

Wohnbaracken Quelle: Archiv der Samtgemeinde Ebstorf-Bevensen

terbringung in Wohnungen oder Häusern erfolgte, mussten die Eigentümer oder Mieter zusammenrücken und Zimmer zur Verfügung stellen. Hinzu kam, dass auch eine Mitbenutzung der Kochgelegenheiten einzuräumen war. Wegen der dadurch gegebenen Nähe waren manche Konflikte nahezu unvermeidlich. Ein Vorzug war es demgegenüber, wenn eine Kochhexe[48] zur alleinigen Verfügung vorhanden war.

---

tigteilbauweise mit halbrundem Dach und 40 m² Grundfläche, einer Länge von elfeinhalb Metern und etwa fünf Metern Breite. Sie diente der Armee im Ersten Weltkrieg als „möglichst billige, schnell zu errichtende mobile" Unterkunft. Da spätere Bewohner solcher als Notunterkünfte dienenden Provisorien wegen der mangelnden Hygiene nicht selten von Läusen befallen waren, wurde der Begriff synonym für diesen Typ von Wohnanlagen gebraucht. Bei Nissen nämlich handelt es sich um die Eier oder um die leeren Hüllen der Eier, aus denen die jungen Kopfläuse geschlüpft sind.

48 Sie hatten eine rechteckige Gestalt aus starkem Eisenblech. Durch Herausnehmen unterschiedlich großer Ringe konnte man verschieden große Töpfe einsetzen, welche dann direkt über dem Feuer hingen. Unter der Herdplatte befanden sich entsprechend die Befeuerungsöffnung, darunter ein Aschebehälter. Der Rauchabzug bedurfte keines Kaminanschlusses, sondern das Ofenrohr wurde meist über eine Aussparung im Fenster nach außen geführt. Brennhexen fanden nach dem Zweiten Weltkrieg in Flüchtlingslagern und überfüllten Wohngebäuden große Verbreitung.

Die britische Militärregierung erließ im März 1946 das „Housing Law", womit die Basis für die Einrichtung von örtlichen Wohnungsämtern und -ausschüssen gegeben war. Deren Aufgabe war es, den vorhandenen Wohnraum zu erfassen und gerecht zu verteilen. Als Richtwert wurde eine Wohnfläche von 4 qm pro Person veranschlagt, für Kinder von 1 bis 14 Jahren die Hälfte, Kinder unter einem Jahr blieben unberücksichtigt. Der einheimischen Bevölkerung sollte nur der gleiche Wohnraum bleiben, wie er den Flüchtlingen gewährt würde. Es dürfe nur noch Schlafräume geben, die zugleich dem Aufenthalt dienten. Arbeitszimmer seien nur in seltenen Fällen zuzubilligen. Doppelwohnungen in Wohnlauben oder Wochenendhäusern dürfen nicht mehr zugestanden werden. Kinder unter zehn Jahren könnten nur dann eigene Zimmer beanspruchen, wenn diese mit mindestens vier Kindern belegt seien. Da die Klagen über ungerechte Wohnraumverteilung nicht nachließen, wurden Stichproben durchgeführt, um Mißstände abzustellen. So wurden im Frühjahr 1946 im Kreis Uelzen beispielhaft Ebstorf überprüft. Die Auswertung ergab, dass den Einwohnern statistisch eine Wohnfläche von 7 qm zur Verfügung stand. Die Anweisung der Militärregierung ging dahin, Flüchtlinge so umzuquartieren, dass sie mit der einheimischen Bevölkerung auf derselben Stufe stünden. Die in dem entsprechenden Erlass getroffenen Regelungen wurden im Regierungsbezirk Lüneburg allerdings kaum befolgt[49]. Beschlagnahmen wurden für untunlich gehalten, weil sie wegen einer restlosen Verärgerung der Einheimischen wahrscheinlich keine Besserstellung der Flüchtlinge bringen würde, zumal die Flüchtlinge zum Teil selbst einsahen, dass vielerorts die Grenze des Zumutbaren bereits erreicht war. Ein Streitpunkt war oft, ob die sog. „Guten Stuben", selten benutzte repräsentative Wohnzimmer, belassen wer-

---

49 Brosius, S. 16.

den sollten[50]. Klagen über egoistisches und böswilliges Verhalten blieben nicht aus, wenn Einheimische versuchten, mit Vorwänden die Zuweisung von Flüchtlingen zu verhindern oder ihnen durch unzumutbare Wohnverhältnisse das Leben schwer zu machen. So kam es vor, dass Betten in Wohnzimmern aufgestellt wurden, um diese als Schlafzimmer auszuweisen oder Wände eingerissen wurden, um die Zahl der anrechenbaren Zimmer zu verringern.

Für die überlassenen Räume wurde ein Mietentgelt gezahlt, allerdings weiter nach Anordnung über Höchstwerte, die in den Kriegsjahren erlassen worden waren[51].

Das Ratsprotokoll vom 10.4.1947 weist die Einsetzung eines hälftig aus Einheimischen und Flüchtlingen besetzten Wohnungsausschusses aus, dem u. a. der aus Schlesien stammende Busunternehmer Harry Roszik[52] angehörte.

Selbst wenn ein Wohnraum beschafft werden konnte, bereitete die Versorgung mit Brennmaterial das nächste Problem[53]. Konjunktur hatte das Roden von Stubben, wobei das Zerkleinern des besonders widerstandsfähigen Materials oft Schwierigkeiten machte. Soweit unmöblierte Räume zur Verfügung gestellt wurden, war die Beschaffung von Möbeln und Hausrat die nächste, zusätzliche Hürde.

An eine spürbare Entlastung durch Neubauten konnte einstweilen nicht gedacht werden. Eine Bautätigkeit setzte vermehrt erst später ein. Immerhin konnte der Gemeinde-

---

50 Brosius, S. 17.

51 Brosius, S. 22.

52 Sein Unternehmen betrieb die Verbindung Ebstorf – Uelzen. Sein besonderes Engagement galt der Aschenbahn GmbH, deren Ergebnis, die Aschenbahn, seinerzeit hohe Anziehungskraft nicht nur für Motorsportliebhaber hatte. Aschenbahnrennen waren ein „Ereignis".

53 Ein besonderer „Sport" war der „Kohlenklau". Das war der Diebstahl von Kohle von offenen Eisenbahnwagons, ggf. auch während der Fahrt.

direktor Kruskop die Zahl der 1945 bis 1948 fertiggestellten Neubauten mit 27 angeben[54].

Tauschzentralen und schwarzer Markt

Da es grundsätzlich an allem fehlte, gelegentlich aber von Flüchtlingen doch noch das eine oder andere hatte gerettet werden können[55], was nicht unbedingt lebenswichtig war, entwickelte sich ein neuer „Geschäftszweig", die Tauschzentralen. In mindestens zwei Schaufenstern Ebstorfer Geschäfte konnte man Gegenstände sehen, die zum Tausch gegen andere, dringender benötigte Utensilien angeboten wurden. Diese Einrichtungen verschwanden spätestens mit der Währungsreform am 20.6.1948.

Wer über keine finanziellen Mittel verfügte und auch keine Gegenstände zum Tausch anbieten oder verkaufen konnte, war auf öffentliche Fürsorge angewiesen.

Neben dem Tausch- blühte der Schwarzhandel. Das geschah oftmals gar nicht nur im Verborgenen, sondern gut erkennbar. Die Akteure erfreuten sich in der Regel keines guten Rufs; die gängige, abwertende Bezeichnung war „Schieber". Eine Schattenwirtschaft hatte es auch bereits zu Kriegszeiten gegeben. Sie überdauerte, mit Geldstrafe oder Gefängnis bedroht, das Kriegsende. Doch was sich während der Kriegszeit noch weitgehend verdeckt abspielte, geriet in den Mangeljahren zum Massenphänomen. Schwundmengen von bis zu 20 Prozent, schätzten die Behörden, waren unversehens dem regulären Güterkreislauf entzogen.

---

54 Lüneburger Landeszeitung v. 1.10.1948.

55 Was mitgenommen wurde, konnte sehr unterschiedlich sein. So wurde berichtet, dass eine Mutter auf der zu Fuß Mitte Februar begonnenen Flucht u. a. folgende Gegenstände bei sich hatte: eine Einkaufstasche mit Wurstbroten, die bei 25 Grad gefroren waren, einen Schlitten für einen Dreijährigen und ein Märchenbuch für die Siebenjährige, die wenige Tage später (25.2.) Geburtstag hatte.

Das Sammeln und der Tausch von Briefmarken waren eine weitverbreitete Beschäftigung[56], an denen sich bereits Zehnjährige beteiligten. Weil Post aus Bremen selten empfangen wurde, waren Postwertzeichen dieser Herkunft begeht. Da es sich um die Enklave der amerikanischen Besatzungszone handelte, trugen sie das Zeichen „AE". Auch die Marken mit dem Symbol der Leipziger Messe wurden - aus der Sicht jugendlicher Sammler - hoch gehandelt.

Pferdehaltung

Ein besonders Problem stellten die mit den Trecks mitgebrachten Pferde dar, was Unterbringung und Verpflegung anging. Die Besitzer wollten sich teilweise nicht von den Tieren trennen, weil sie auf eine Rückkehr hofften. Obwohl man einerseits noch an die Rückkehr glaubte, war andererseits der Wunsch nach einer „eigenen Scholle" stark, indem, allerdings meist vergeblich, nach Siedlungsmöglichkeiten gesucht wurde. Eine staatliche Förderung beschränkte sich auf Nebenerwerbssiedlungen[57], wobei das oft fehlende Eigenkapital durch Selbst- oder Nachbarschaftshilfe ersetzt wurde. Vor Pachtungen landwirtschaftlicher Betriebe wurde gewarnt. Der Kreisvertrauensmann in Uelzen wies darauf hin, dass Geld, welches man in Pachtungen steckte, womöglich bei einer späteren Rückkehr in den Osten nicht verfügbar wäre[58]. Eine Bodenreform, wie sie in der SBZ (sowjetisch besetzter Zone) praktiziert wurde, mit der Folge von Enteignungen und Landzuteilungen, war kein Thema, das politischen Er-

56 „Hobby" war noch nicht in den allgemeinen Sprachgebrauch eingezogen.
57 Der Begriff Nebenerwerbssiedlung lässt Rückschlüsse auf ursprüngliche Absichten der Landbestellung zu. Als die Häuser errichtet wurden, gehörte auch ein Stall für Schweine, Ziegen und Hühner dazu. Die Menschen sollten sich selbst versorgen können. Die Grundstücke waren zwischen 2000 und 2500 Quadratmeter groß.
58 Brosius, S. 47.

„Hans" und „Lotte", die den Weg von Ostpreußen in die Lüneburger Heide geschafft haben. Quelle: Privat, Foto: E. Gitt

folg versprach. Pferdehalter versuchten, ein Fuhrgeschäft zu gründen, wobei hier bald eine Überbesetzung festzustellen war. Forstämter erteilten Flüchtlingen zum Teil bevorzugt Aufträge zur Abfuhr von Holz und Stubben.

Handwerk

Die Eingliederung der Handwerker bereitete zunächst ebenfalls Schwierigkeiten. Trotz des Anwachsens der Bevölkerung und des Bedarfs herrschte bei den angesessenen Betrieben Zurückhaltung. Besonders das Schneidergewerbe war stark beschäftigt, waren doch u.a. Militärmantel und andere Uniformteile in zivile Bekleidung umzuarbeiten. Für den Kreis Uelzen ist positiv hervorzuheben, dass mit Unterstützung der Kreishandwerkerschaft bereits im Juni 1946 etwa 80 von rund

200 geflüchteten Handwerkern in eigenen Betrieben tätig waren[59].

Solange die wirtschaftlichen Perspektiven unklar blieben, wurde über die Arbeitsunwilligkeit von Flüchtlingen geklagt. Der Einsatz bei der Torfgewinnung zur Verbesserung der Situation mit Heizmaterial wurde abgelehnt, weil es an der erforderlichen Arbeitskleidung, vor allem Schuhen, fehlte. Demgegenüber wurde für die Landwirtschaft des Kreises Uelzen gemeldet, dass fast 10.000 Flüchtlinge beschäftigt seien. Auch eine andere Aussage aus Uelzen hebt sich positiv von manchen aus anderen Bereichen des Regierungsbezirks Lüneburg ab. Der Kreisvertrauensmann betonte, dass von den Flüchtlingen die verständnisvolle Einstellung der Spitzen der Behörden voll anerkannt werde, bemängelt werde nur, dass sich die unteren Beamten die Haltung ihrer Vorgesetzten nicht zu eigen machten[60].

Eine Sesshaftmachung, wie sie von der Militärregierung durchaus angestrebt wurde, konnte im Grunde nur durch Eheschließungen[61] von Angehörigen beider Seiten erfolgen. Der Glaube an die Rückkehr in die angestammten Gebiete war weit verbreitet. Man sah sich in einer Wartestellung.

Schulen

Im Vordergrund standen Bedürfnisse des täglichen Lebens. Kultur und Bildung waren zunächst zweitrangig. Allerdings erfreute sich eine Leihbücherei bestückt aus persönlichem Besitz des Ehepaars Klose, eines lebhaften Zuspruchs. Im Herbst

---

59 Brosius, S. 45.

60 Brosius, S. 55.

61 Nach damaliger Rechtslage konnte folgende Wirkung eintreten: wenn eine Einheimische einen Flüchtling heiratete, galt sie als Flüchtling. Das galt auch für gemeinsame Nachkommen. Heiratete hingegen ein Einheimischer ein Flüchtlingsmädchen, wurde diese zur „Bürgerin".

1945 begann wieder der Schulunterricht[62]. Mir ist in Erinnerung, dass der ebenfalls als Flüchtling in Ebstorf gelandete Lehrer Philip Hexel zwei vierte Klassen zu unterrichten hatte, mit jeweils rund 50 Schülerinnen und Schülern[63]. Das geschah im wöchentlichen Wechsel derart, dass eine Gruppe von 8 bis 10.30 Uhr unterrichtet wurde, die andere von 11 bis 13.00 Uhr. Der Unterricht war ein Paukbetrieb, weitgehend ohne Bücher, dazu auch nur mit eingeschränkter Ausstattung mit Heften und anderen an sich erforderlichen Hilfsmitteln. Jeden Tag wurde in jeder Klasse eine Arbeit geschrieben (abwechselnd Diktat, Aufsatz oder Rechenarbeit); am folgenden Tag gab es bereits die korrigierten Arbeiten zurück. Eine gewerkschaftlich organisierte Vertretung hätte ihre helle Freude an der beruflichen Belastung der Lehrperson gehabt.

Im Frühjahr 1946 ging ein Teil der Schüler, nach bestandener Prüfung, auf die Mittelschule[64] in Ebstorf oder auf die Oberschulen für Jungen bzw. Mädchen in Uelzen. Weil der Weg von der Siedlung zum Bahnhof beschwerlich war, nicht zuletzt, weil er durch unbebautes Land führte und sich dort oft frei laufende Hunde aufhielten[65], die mir nicht nur Respekt, sondern heillose Angst einflößten, ging ich zunächst zwei Jahre auf die Mittelschule, bevor ich 1948 nach Uelzen wechselte. Das Lehrerkollegium in Ebstorf bestand zum Teil aus Flüchtlingen. Im Winter 1946/47 war eine besonders heikle Situation zu überstehen. Die Mittelschule musste wegen fehlenden Heizmaterials schließen. Unterricht fand lediglich an einem Nachmittag in der Woche für jeden Jahrgang in der Ackerbauschule statt. In der Klasse spielte es nur eine un-

---

62 Spangenberg/Wichelmann , S. 34, nennen den 16. 11.1945

63 Im Schuljahr 1947/48 zählte die Volksschule Ebstorf 626 Schüler, davon 303 Flüchtlingskinder.

64 Eine Übersicht (25 Jahre Mittelschule Ebstorf) der Schülerzahlen von 1945–55 ergibt einen Anteil von knapp 50 % Flüchtlinge der jeweiligen Jahrgänge.

65 Die Bauern ließen die Hunde frei laufen, weil man fürchtete, dass frühere ausländische Zwangsarbeiter aus den Sammellagern auf Beutezügen sein könnten.

tergeordnete Rolle, wer Flüchtling war. Im Konfirmandenunterricht bei Pastor Kurt Schoop zählten allein das Wissen und die Kenntnisse von Liedertexten. In Uelzen waren die Unterschiede zwischen Kindern von Einheimischen und Flüchtlingen allenfalls zu spüren, wenn es um Nacharbeiten von im Unterricht behandelten Themen ging. In jedem Haushalt von eingesessenen Bildungsbürgern (überwiegend hatten die ansässigen Schüler einen solchen familiären Hintergrund) existierten Bücher und Hilfsmittel wie Lexika; Flüchtlinge hatten zunächst andere Anliegen. Eine Lehrerin mokierte sich über sprachliche Besonderheiten wie den manchmal überraschend anmutenden Gebrauch des Plusquamperfekts (im Übrigen auch eine Eigenwilligkeit des Berliner Dialekts: „das hatte ich doch gestern schon gesagt gehabt") vor allem von Schülern mit einer Herkunft aus früheren deutschen Siedlungsgebieten im süd- osteuropäischen Raum, wie Bessarabien.

Währungsreform

Die Einführung der DM im Juni 1948 brachte zunächst für die Flüchtlinge eher eine Verschlechterung. Herrschten zuvor Engpässe auf nahezu allen Gebieten, wurden nach dem Stichtag Waren aller Art zu der nunmehr als Zahlungsmittel geltenden DM angeboten. Sie müssen zuvor in den Lagerräumen der Geschäfte gehortet gewesen sein. Geschäftsleute, bei denen ein solches Verhalten gegeben war, wurden abwertend als „DM-Gewinner" bezeichnet; manche erfüllten auch den Begriff des Schiebers (s. o.).

Die Arbeitslosigkeit stieg an; von Flüchtlingen betriebene kleine Unternehmen mussten wegen fehlender Kapitalausstattung schließen. Bedauert wurde, dass mit der Währungsreform nicht zugleich ein Lastenausgleich stattgefunden habe. Es sei an der Zeit für eine gerechtere Umverteilung der Kriegslasten, die Flüchtlinge könnten nicht allein die Folgen des verlorenen Krieges tragen. Deshalb müsse ein Vermögensausgleich erfolgen. Es bedurfte dann noch einiger Jahre, ehe das Gesetz über den Lastenausgleich vom 14. August 1952 in Kraft trat. Es hatte zum Ziel, Deutschen, die infolge des Zweiten Weltkrieges und seiner Nachwirkungen Vermögensschäden oder besondere andere Nachteile erlitten hatten, eine finanzielle Entschädigung zu gewähren.

Vor allem der Wirtschaftsaufschwung der 1950er Jahre führte zu einer entscheidenden Verbesserung der Lage der Vertriebenen[66].

Wunsch nach Zusammenschluss

Bereits im Sommer 1945 waren auf lokaler Ebene Vereinigungen von Flüchtlingen entstanden. Das entsprach nicht den Vorstellungen der Besatzungsmacht. Man befürchtete eine Abkapselung. Vielmehr wünschte man sich eine möglichst schnelle Eingliederung in die bestehende Gesellschaft. Erklärbar war das aus zwei Gründen. Zum einen sollte so einer befürchteten Radikalisierung der Flüchtlinge entgegengewirkt werden. So prophezeite der Jesuitenpater Leppich: „Es wird eine Revolution kommen aus Bunkern und Baracken, wenn nicht geholfen wird“[67] . Zum anderen war daran aber auch erkennbar, dass die Rückkehr, vor allem in die Gebiete jenseits der Oder-Neiße-Linie nicht für realistisch betrachtet wurde - ganz im Gegensatz zu den Wünschen der von dort Vertriebenen. Die Bildung von Interessengemeinschaften von Flüchtlingen und die Abhaltung besonderer Flüchtlings- Gottesdienste wurde für unerwünscht erklärt. Vereine, die sich mit der Vertretung, Beratung und Betreuung von Flüchtlingen befassten, bedurften einer Genehmigung. Unter Vereinen in diesem Sinn waren auch landsmannschaftliche Zusam-

66 Brohm/Vierek, S. 109.
67 Zitiert nach Kossert, S. 64

menschlüsse zu verstehen. Sie sollten weder genehmigt noch gefördert werden. Auch Beitragserhebungen für gemeinsame Zwecke hätten zu unterbleiben[68].

Bei den Betroffenen stieß das auf keinerlei Verständnis. So erhob der Vertrauensmann in Uelzen, Pastor Schulz, Einspruch dagegen, allerdings erfolglos. Die Niederlegung seines Amtes im September 1947 begründete er mit der „schroffen Ablehnung des demokratischen Grundrechts der Koalitionsfreiheit" als einen krassen Fall des staatlichen Versagens der Betreuung. Die Existenz des Verbots erklärt, warum es erst 1949[69] zur förmlichen Gründung der Ostpreußengruppe in Ebstorf kam. Man hat sich zwar auch davor getroffen, allerdings wurden die Zusammenkünfte als „Kaffeetafel" erklärt. Der Landrat des Kreises kommentierte die Situation dahin, dass zwar die politische Vereinigung von Flüchtlingen nicht erwünscht sei, aber das Streben nach einem Zusammenschluss kaum noch länger zu unterdrücken sei[70].

Spürbar war auch die starke Eigeninitiative. Ein Beispiel am Ort war der Verein „Die Dienenden", eine Selbsthilfegruppe der Ostpreußen. Die Vereinigung hat sich um Arbeitsmöglichkeiten gesorgt und auch Spielzeug in den Nachkriegsjahren für Kinder aus Salzteig hergestellt. Mit der Währungsreform war sie überflüssig geworden und musste schließlich Konkurs anmelden[71].

Mehr und mehr machte sich unter den Flüchtlingen der Wille bemerkbar, durch aktive Wahlbeteiligung die eigenen Interessen auf kommunaler Ebene zu vertreten. Das fand seinen Ausdruck bei den Kommunalwahlen im November 1948.

---

68 Brosius, S. 66 f.

69 Mit dem Inkrafttreten des Grundgesetzes vom 23.5.1949 wurde die Koalitionsfreiheit in Art. 9 verbrieft.

70 Brosius, S. 67.

71 Lüneburger Landeszeitung v. 5.12.1949.

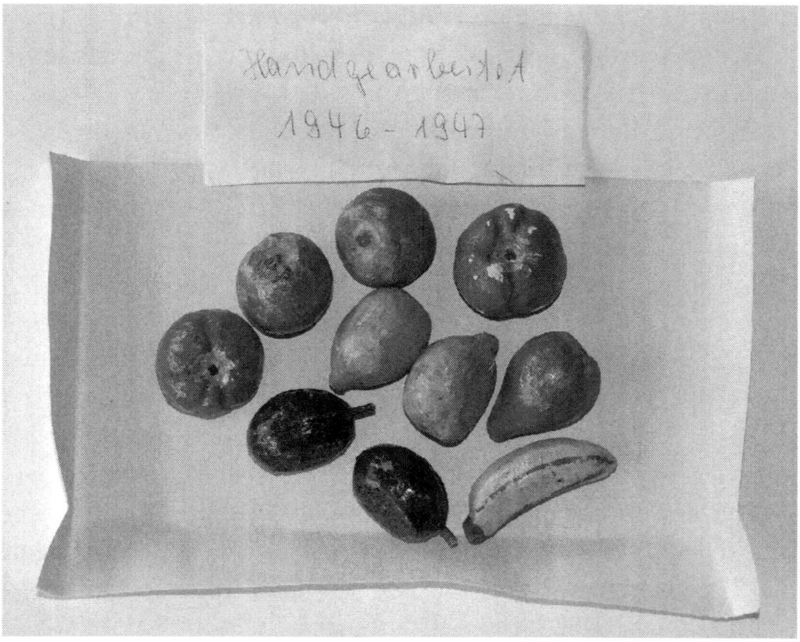

Spielzeug Quelle: Archiv der Samtgemeinde Ebstorf-Bevensen

Auf der neuen gesetzlichen Basis wurde Hans Rasch zum Bürgermeister von Ebstorf gewählt[72]. Die Funktion war nach der Absetzung von Bürgermeister Krebs von dem (durch die Besatzungsmacht eingesetzten) Verwaltungsangestellten Möhrling wahrgenommen worden. Im Gemeinderat waren folgende Parteien vertreten: Deutsche Partei (6), CDU (5) und SPD (4)[73].

Die Befürchtung vor einer politischen Radikalisierung war auch maßgebend für eine Ablehnung einer besonderen Flüchtlingspartei. Erst im Jahr 1950 wurde der BHE gegrün-

---

72 Nach mehreren Wiederwahlen bis 1975 in diesem Amt bestätigt.
73 Spangenberg/Wilhelm, Sophia Wichelmann, Ebstorf. Aus der Chronik, S. 31, 36.

det[74] (Gesamtdeutscher Block/Bund der Heimatvertriebenen und Entrechteten), eine bis 1961 aktive politische Partei. Sie richtete sich an die nach dem Ende des Zweiten Weltkrieges aus ihrer Heimat vertriebenen Deutschen und betrieb eine entsprechende Klientelpolitik.

Hängepartie

Die Aufnahme und Ansiedlung der Entwurzelten war ein lange nicht abgeschlossener Prozess, der von beiden Seiten, den Einheimischen wie den Flüchtlingen, Anpassung und Veränderung forderten. Das Flüchtlingspotential sei voller revolutionärer Antriebe, allerdings blieb die befürchtete Radikalisierung aus. Für die Masse der Menschen stand das nackte Überleben angesichts von Trümmern, Hunger, Wohnungsnot, Flucht, Warten auf verschollene Angehörige und Kriegsgefangene, aber auch Schuld und Verstrickung im Vordergrund, nicht die Schaffung einer antikapitalistischen Ordnung[75]. Die Ankunft von ehemaligen Wehrmachtsangehörigen bedeutete in manchen Fällen das Ende von Ehen. Man hatte sich auseinandergelebt; manchmal waren Ehefrauen auch eine neue Beziehung eingegangen, nicht immer nur dann, wenn mit der Rückkehr des Ehegatten nicht mehr gerechnet werden konnte. Für manche Heimkehrer, die für „Führer und Vaterland" in den Krieg gezogen waren und dabei vor allem an die Verteidigung der Zivilbevölkerung und die eigene Familie gedacht haben mögen, hielt das Wiedersehen eine bittere Erkenntnis bereit.

---

74 Zunächst hatte ein von den Alliierten verhängtes Koalitionsverbot gegolten, um eine Assimilation zu erreichen, somit ein organisches Aufgehen in die einheimische Bevölkerung gefördert werden sollte (Kossert, S. 88).

75 Ritter, S. 15.

Eine für die Zeit typische und nicht selten gebrauchte Beschreibungen der Situation waren die Begriffe „Männerknappheit“ und „Frauenüberschuss“.

Ein Grund für die allmähliche Eingliederung der Flüchtlinge wird in der weitgehenden kulturellen Selbstaufgabe der Vertriebenen gesehen[76]. Dass dies keineswegs überall der Fall gewesen ist, zeigt das Beispiel der Jubilarin, der Gruppe Ebstorf in der Landsmannschaft Ostpreußen, die in jener Zeit gegründet wurde. Das war ein deutliches Zeichen gegen die kulturelle Selbstaufgabe. Die Eingliederung aber war ein längerer Prozess, bei dem zwei scheinbar konkurrierende Momente eine Rolle spielten: Identitätswahrung und Integration.

So wünschenswert es war, dass Neuankömmlinge sich möglichst bald in der ungewohnten Umgebung zurecht fanden und sich einfügten, musste doch Verständnis dafür bestehen, dass sie ihre Herkunft bewahrten und pflegten. Das Gleichgewicht zu finden, setzte bei den Zugereisten Zurückhaltung bei der Darstellung ihrer Vergangenheit voraus, bei den Einheimischen Offenheit für die Aufnahme der Fremden. Dies scheint im konkreten Fall gelungen.

Perspektive

Die allmähliche Anpassung der Flüchtlinge an die durchaus als belastend empfundene Situation wird allgemein darin gesehen, dass man wegen des sich bemerkbar machenden Wirtschaftswunders auch persönlich günstige Zukunftsaussichten annahm. Ich glaube, dass die Gründe für die Vermeidung von Radikalität und Revolution darin lagen, dass man davon ausging, eine Perspektive zu haben, nämlich die der Rückkehr, nicht so sehr die Eingliederung und das Sess-

---

76 Kossert, S. 16 mit weiteren Hinweisen.

haftwerden. Die Partei BHE, 1950 gegründet, spielte bis 1960 eine wichtige Rolle bei der Aufrechterhaltung des Glaubens an eine Rückkehr in die alte Heimat[77]. Damit hing auch zusammen, dass die Oder-Neiße-Linie erst 1970, und zwar unter Vorbehalt einer späteren Friedensregelung, als polnische Westgrenze von der Bundessrepublik anerkannt wurde[78]. Lange war es geradezu ein Glaubenssatz, diese Linie nicht als Grenze hinzunehmen, befolgt auch von anderen Parteien, um den Vertriebenen nicht die letzte Hoffnung auf eine Rückkehr zu nehmen[79], vor allem aber, um nicht den Verlust von Wählerstimmen zu riskieren. In den Wahlkämpfen der 1950er Jahre spielte das Thema eine gewichtige Rolle. Die rund 10 Millionen Vertriebenen in der Bundesrepublik wurden von allen Parteien umworben.

Äußere Zeichen

Neben Wortbekundungen von politischer Seite, dass man den Flüchtlingen eine neue Heimat geben wollte, waren entscheidend sichtbare Zeichen der Anteilnahme und des guten Willens.

Bemerkenswert war, dass Straßen in einem Neubaugebiet von Ebstorf die Namen von drei bedeutenden ostdeutschen

---

77 Der Rückkehrwille betrug 1949 noch 82 %; 1956 waren es 65 % und 1961 immerhin noch 52 % (Kossert, S. 88 f.) Bei wie vielen dies in die Tat umgesetzt worden wäre, ist eine andere Frage.

78 Die Bundesrepublik Deutschland erkannte am 7. Dezember 1970 im Warschauer Vertrag die Oder-Neiße-Linie unter dem Vorbehalt einer Änderung im Rahmen einer Friedensregelung als faktisch „unverletzliche" Westgrenze der Volksrepublik Polen an.

79 Die Alliierten hatten sich allerdings bereits 1943 bei der Konferenz in Teheran über die Oder-Neiße-Linie als Westgrenze Polens verständigt - als Ausgleich für Polen wegen Verschiebung der Grenze im Osten (Curzon-Linie) zu Gunsten der Sowjetunion. Die Curzon-Linie (benannt nach dem damaligen britischen Außenminister George Curzon) war nach dem Ersten Weltkrieg am 8. Dezember 1919 in Paris unter Bezugnahme auf die Muttersprache der jeweiligen Mehrheitsbevölkerung als polnisch-russische Demarkationslinie vorgeschlagen worden.

Städten erhielt: Breslau, Danzig und Königsberg. Im Protokoll der Ratssitzung vom 10.11.1950 hieß es ausdrücklich, dass eine „dauerhafte Erinnerung an die z. Z. abgetrennten Ostgebiete geschaffen“ werden soll. Entsprechende Straßennamen gab es zwar auch in anderen Orten. So wird berichtet, dass es „in fast jeder deutschen Gemeinde eine Königsberger Straße“ gibt[80]. Es zeigt aber auch, dass die hiesige Bevölkerung bzw. deren Repräsentanten offen für entsprechende Wünsche waren. Das belegen die einzelnen Abstimmungsergebnisse mit deutlicher Mehrheit, bei denen es zwar Enthaltungen, aber nur eine Gegenstimme gab.

Ebenso spricht für das Verständnis der einheimischen Bevölkerung von Ebstorf, dass eine Gedenkstätte mit Erinnerungssteinen an die früheren ostdeutschen Provinzen geschaffen wurde[81]. Wenn später geborene Einzelne meinten, sie gehöre „auf den Müllhaufen der Geschichte“ und sei zu beseitigen, zeigt dies nicht nur mangelnde Kenntnisse und ein problematisches Geschichtsbewusstsein sowie ein fehlendes Einfühlungsvermögen, nicht nur für Belange der Vertriebenen, sondern auch für das der Einheimischen, ohne deren Mitwirkung und Initiative die Stätte nie hätte eingerichtet werden können[82]. Solche Stätten halten die Erinnerung nicht nur an verlorene Gebiete wach, sondern sind zugleich ein Ansatz, sich der Leistungen und Wirkungen bewusst zu sein, die dort ihren Ursprung hatten. Wie soll z. B. die Erinnerung an den deutschen Philosophen Kant bewahrt werden, wenn vergessen wird, dass er im preußischen Königsberg geboren und gelehrt hat? Und wie kann man besser erklären, dass der von Deutschen zu verantwortende Zweite Weltkrieg Verluste von

80 Preußische Allgemeine Zeitung (PAZ) v. 24.5.2019, S. 2.
81 Turner, S. 148, 150.
82 Soweit dem Autor in Erinnerung, hat „Heini“ Meyer (vom Heimkehrerverband, einer Interessenvertretung ehemaliger Kriegsgefangener) bei der Entscheidung für die Errichtung der Gedenkstätte eine herausragende Rolle gespielt.

Erinnerungsstätte Foto: R. Schartner

Provinzen zur Folge hatte, als wenn durch Gedenksteine an sie erinnert und auf sie hingewiesen wird?

Vereinsleben

Eine positive Wirkung von Flüchtlingen wird auch im Sport, beim TuS Ebstorf registriert: Dr. Vialon, in Folge des zweiten Weltkriegs nach Ebstorf verschlagen, später Staatssekretär im Bonner Wirtschaftsministerium[83], sei ein „ganz wichtiger Mann bei der Aufbauphase" gewesen[84].

Neben der generellen Aufgeschlossenheit für die Aufnahme neuer Mitglieder gab es vereinzelt auch defensives

83 Vialon war während des Krieges u. a. Leiter der Finanzabteilung im Reichskommissariat Ostland. In dieser Funktion war er mit der „Sicherung der jüdischen Vermögenswerte" beauftragt.

84 Wichelmann, S. 134. Als wichtig beim Aufbau werden auch Louis Mesecke und Walter Hesse genannt, was ich aus eigener Kenntnis uneingeschränkt bestätigen kann.

Verhalten, indem Bewerber zunächst hinhaltend behandelt wurden. Merkte man, dass im konkreten Fall ein Talent gegeben war, änderte sich die Stimmung schnell und die Mitgliedschaft war kein Problem mehr.

Anders war es wohl bei Organisationen wie der Schützengilde. Hier bestand eher der Eindruck einer Art geschlossenen Gesellschaft, d.h. sie schien für Einheimische reserviert. Zum einen war verständlich, dass man irgendwo „unter sich" bleiben wollte; zum anderen kannten viele Flüchtlinge solche Zusammenschlüsse nicht. Dazu kam, dass man andere Sorgen hatte, als dort Mitglied zu werden, zumal die Anschaffung von entsprechenden Bekleidungsstücken wie Uniform etc. zu kostenaufwendig war. Das änderte sich spätestens mit der zweiten Generation, als Kinder der ersten Flüchtlingsgeneration in das entsprechende Alter kamen. Inzwischen dürfte bei der Enkelgeneration eine Angleichung eingetreten sein.

Eine perfekte Eingliederung sind Eheschließungen. Kommt es womöglich sogar zur Einheirat, d.h. der Aufnahme des Flüchtlings in den Betrieb mit der Aussicht der Übernahme, ist das die höchst denkbare Form. Aber es gab auch tragische Ereignisse gegenteiliger Art. Einem Jungbauern aus der Umgebung wurde von seiner Mutter, einer Kriegerwitwe und Inhaberin des Hofes, bedeutet, dass sie ihn enterben werde, wenn er ein bestimmtes Mädchen, Tochter eines im Krieg gefallenen Gutsbesitzers, mit der er heimlich verlobt war, heiraten würde. Sie vermählte sich später mit einem Banker.

Eine Integration geschieht im Idealfall in zweierlei Hinsicht: die Neubürger übernehmen die Regeln und Lebensgewohnheiten der Ansässigen; die angestammte Bevölkerung eignet sich einige Eigenarten der Zugezogenen an. Das kann z.B. in der Weise geschehen, dass Mahlzeiten nach bisher unbekannten Rezepten übernommen werden bis zu Angeboten von zuvor nicht bekannten Produkten, die z. B. Bäcker in ihr Programm aufnehmen. Darüber findet man kaum etwas in Akten; solche Ergebnisse werden in der Regel nur mündlich weitergegeben.

Bilanz

An vielen Orten war ein Gegeneinander, bestenfalls ein Nebeneinander von Einheimischen und Flüchtlingen zu beobachten. Für Ebstorf lässt sich sagen, dass aus dem anfänglichen Nebeneinander ein Miteinander geworden ist. Das gilt selbstverständlich nicht nur für Bewohner mit ostpreußischen Wurzeln. Gewiss hat z. B. auch die von 1951 bis 2014 aktive Landsmannschaft der Schlesier und Sudetendeutschen eine vergleichbar positive Rolle gespielt. Aber auch Flüchtlinge aus Westpreußen und Pommern haben ihren Anteil geleistet. Sichere Zeichen für das Miteinander sind, wenn bei der jetzt lebenden Enkel- bzw. Urenkelgeneration gar nicht mehr bekannt ist, ob es sich um Nachkommen von Flüchtlingen handelt. Dabei muss die Frage erlaubt sein, ob das Fortbestehen einer Gruppe wie die der Ostpreußen in der Landsmannschaft nicht ein Widerspruch dazu ist. Das ist dann nicht der Fall, wenn die Bewahrung des Gedächtnisses und die Pflege der Erinnerung nicht als Absonderung begriffen und praktiziert wird. Mit der Aufnahme von Mitgliedern, die keinen direkten Bezug zu der Heimatregion haben, ist ein wesentlicher Schritt getan. Die Beschäftigung mit Geschichte und Brauchtum der Vorfahren, auch mit dem Wirken herausragender Künstler und Schriftsteller, garantiert, dass die Wurzeln nicht vergessen werden und ist darüber hinaus ein entscheidendes Merkmal, das kollektive Gedächtnis an die Geschichte und die Personen zu erhalten, die aus jener Gegend gewirkt haben. Das sollte nicht nur für Ostpreußen gelten. Ost- und Westpreußen, Schlesien und Pommern sollten insoweit als

Einheit betrachtet werden, deren Leistungen im Gedächtnis zu erhalten sind.

Vereinigungen wie die hiesige Gruppe, leisten insoweit eine Ergänzung zu der Arbeit, wie sie das Ostpreußische Landesmuseum in Lüneburg betreibt: Es will deutsche und europäische Geschichte bewahren und vermitteln. Dieses Ziel verfolgt auch das „Projekt Königsberger Straße" im Freilichtmuseum am Kiekeberg in Rosengarten im Landkreis Harburg[85]. Dort soll vor allem das Leben im ländlichen Raum der Nachkriegszeit gezeigt werden. Solche musealen Projekte bleiben wirkungslos, wenn sie keine Basis haben, wenn nicht Interesse in der Bevölkerung geweckt wird. Die Jubilarin erbringt dazu einen wichtigen Beitrag. Dazu kann man den Trägern und Verantwortlichen der Gruppe aus Anlass des 70-jährigen Jubiläums der Gründung herzlich gratulieren, zugleich in der Hoffnung auf weiteres blühendes Fortbestehen.

---

85 PAZ v. 24.5.2019, S. 2: „Vom Aufbauwillen und Heimischwerden".

Schrifttum

Brohm, U./S. Vierek, 125 Jahre Landkreis Uelzen, 2010.

Brandes, Wolfgang, Chronik Fallingbostel, 1996.

Brosius, Dieter, zur Lage der Flüchtlinge im Regierungsbezirk Lüneburg zwischen Kriegsende und Währungsreform, in: Brosius, Dieter/Angelika Hohenstein, Flüchtlinge im nordöstlichen Niedersachsen 1945–1948, Hildesheim 1985.

Dierks, Willy (Hg.), Flüchtlingsland Schleswig-Holstein. Erlebnisberichte vom Neuanfang, Heide 1997.

Dojan, Karl-Heinz, Erscheinungsformen und Folgen der Flüchtlings- und Umsiedlungsbewegungen in Niedersachsen am Beispiel des Uelzener Raumes 1944–1961, Geistes- und Sozialwissenschaften Universität Hannover, 1990.

Goldmann, Guenther, Gedanken zum Problem der Eingliederung der Flüchtlinge und Vertriebene nach dem zweiten Weltkrieg in die Stadt Uelzen, in: Heidewanderer (HW) 1989, Nr. 23, S. 95.

Groh, Christian, „Verwaltung des Mangels" - Kriegsfolgen und Selbstverwaltung, in: Thomas Mann/Günter Püttner, Handbuch der kommunalen Wissenschaft und Praxis, 3. Aufl., S. 134 ff.

Jähner, Harald, Wolfszeit, Deutschland und die Deutschen 1945–1955. 4. Auflage, Berlin 2019.

Kossert, Andreas, Kalte Heimat. Die Geschichte der deutschen Vertriebenen, München 2008.

Landkreis Uelzen, Geschichte, Landschaft, Wirtschaft, 1985.

Mann, Thomas/Günter Püttner (Hg.), Handbuch der kommunalen Wissenschaft und Praxis, 3. Aufl., Berlin 2007.

Ramünke, Herbert, Chronik. 850 Jahre Nateln (1133–1983).

Ritter, Gerhard A., Über Deutschland. Die Bundesrepublik in der deutschen Geschichte, München 1998.

Schneider, Ullrich, Niedersachsen 1945. Kriegsende, Wiederaufbau, Landesgründung, Hannover 1985.

Spangenberg,Wilhelm/Sophia Wichelmann, Ebstorf. Aus der Chronik, Uelzen 1982.

Turner, George, Die Heimat nehmen wir mit, 5. Aufl., Berlin 2017.

Wichelmann, Sophia, Ebstorf. Aus der Geschichte des Klosterfleckens, Uelzen 1994

George Turner

Salzburger, Ostpreußen

Integration und Identitätswahrung

Nach dem großen Erfolg der Familiengeschichte „Die Heimat nehmen wir mit" haben Verlag und Autor entschieden, eine eigenständige Darstellung der Geschichte der Auswanderung der Protestanten aus dem Land Salzburg vorzulegen. Professor Turner widmet sich den Lebensverhältnissen der „Salzburger" in der Zeit 1732–1944/45 in Ostpreußen und deren Versuch, den Zusammenhalt trotz des Auseinanderdriftens in unterschiedliche Länder nach 1945 zu fördern. Wie ein roter Faden ziehen sich dabei die Themen „Integration" und „Bewahrung der Herkunft" durch die einzelnen Kapitel.

Es zeigt sich, dass in der bisherigen Darstellung des Schicksals der „Salzburger" manches sehr summarisch, gelegentlich auch zu euphorisch behandelt wurde. Das gilt vor allem für ihr Verhältnis zu der bereits im Siedlungsgebiet ansässigen Bevölkerung. Neu sind insbesondere zwei Akzente. Einmal ist es das Thema „Protestantisches Bekenntnis und wirtschaftlicher Erfolg". Auch hier galt es Max Webers These, dass die protestantische Ethik den Kapitalismus befördere, zu relativieren.

Zum anderen findet der Autor eine Erklärung, warum sich das Salzburgische als Dialekt nicht erhalten hat. Auch wenn die vorliegende Darstellung viele Aspekte berücksichtigt, das Thema „Salzburger und Ostpreußen" ist noch längst nicht abgeschlossen.

2017, 128 S., 8 s/w Abb., kart.,
19,95 €, 978-3-8305-3787-8

DER AUTOR

Prof. Dr. iur. George Turner, geb. 1935, war Universitätspräsident (Hohenheim 1970–1986), Präsident der Rektorenkonferenz (Bonn 1979–1983) und parteiloser Senator für Wissenschaft und Forschung in Berlin (1986–1989).
1989–2000 bekleidete er einen Lehrstuhl für Rechtswissenschaft an der Universität Hohenheim und war Gastprofessor an der Humboldt-Universität zu Berlin. Seitdem ist er vornehmlich publizistisch tätig.

REZENSION

„Wer sich fundiert über alle Aspekte der Wiederbesiedelung des östlichen Ostpreußens nach der Großen Pest – auch durch die ‚Salzburger Exulanten', orientieren möchte, findet erstmals [...] umfassende, verlässliche Antworten und Auskünfte."

Dr. Wolfgang Rothe, Der Salzburger, Nr. 208, II/2017, S. 30–31